NOTICE

SUR MONSIEUR L'ABBÉ

FRÉDÉRIC DAVOUST

CURÉ DOYEN DE BRULON

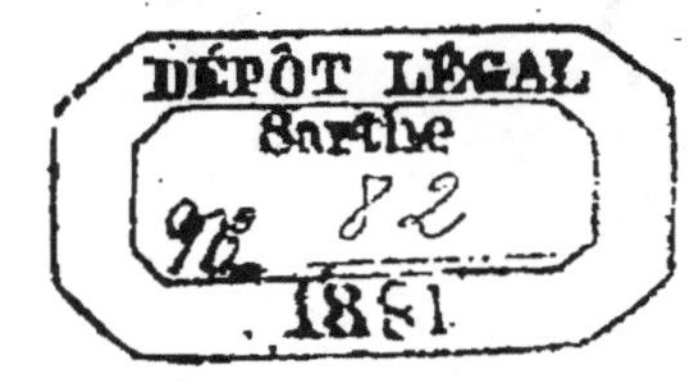

LE MANS

IMPRIMERIE LEGUICHEUX-GALLIENNE

15, RUE MARCHANDE, ET RUE BOURGEOISE, 16

—

1881

NOTICE

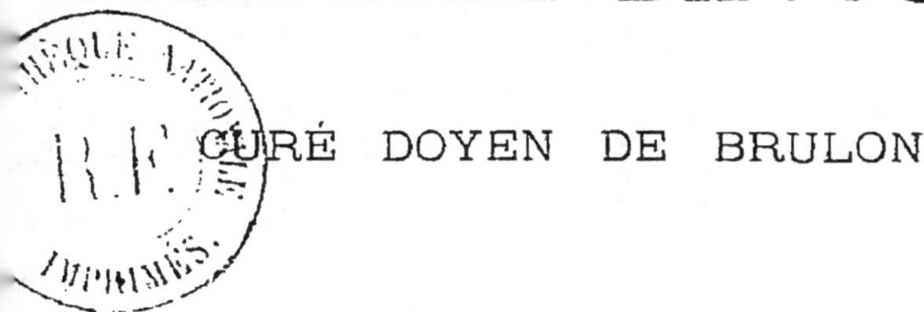

FRÉDÉRIC DAVOUST

CURÉ DOYEN DE BRULON

LE MANS

IMPRIMERIE LEGUICHEUX-GALLIENNE

15, RUE MARCHANDE, ET RUE BOURGEOISE, 18

1881

NOTICE

SUR

M. L'ABBÉ FRÉDÉRIC DAVOUST

CURÉ DOYEN DE BRULON (1)

———

M. l'abbé Frédéric Davoust naquit à Lassay, au diocèse actuel de Laval, le 15 mars 1811. Profondément attachée aux vrais principes religieux, la famille Davoust fut une de celles qui eurent le plus à souffrir pendant la persécution révolutionnaire (2). En moins d'un demi-siècle elle donna quatre prêtres à l'Eglise. Élevé par des parents véritablement chrétiens (3), neveu d'un saint confesseur de la foi (4), frère de deux prêtres ses aînés, également recomman-

(1) Nous regrettons que les circonstances ne nous aient pas permis de publier plus tôt cette notice.

(2) Dom Piolin, *Histoire de l'Eglise du Mans pendant la Révolution*, T. II. p. 61, « les familles étaient fréquemment inquiétées, injuriées, vexées à l'occasion d'un fils, d'un frère prêtre, déporté ou émigré. On en voit un exemple frappant dans la famille Davoust, de Lassay. »

(3) M. Fraimbault Davoust, son père, a laissé une relation manuscrite des maux qu'il eut à souffrir pendant la Révolution ; ce manuscrit paraît intéressant.

(4) M. l'abbé Georges-Gabriel Davoust, frère du précédent, oncle de M. le curé de Brulon, fut obligé de s'exiler pendant la Révolution. D. Piolin, *Hist. de l'Égl. du Mans pendant la Révolution*, T. I., p. 376. Rentré en France en 1802, il fut nommé curé du Ribay, puis de Champgenéteux, où il mourut le 13 février 1837. Il a laissé lui-même un petit journal des principaux incidents de son exil. Ce manuscrit et le précédent ont paru mériter d'être publiés dans un article spécial, comme documents historiques.

dables par la pratique de toutes les vertus sacerdotales (1), n'ayant
dès lors qu'à écouter les leçons et suivre les exemples qui lui étaient
donnés, M. l'abbé Frédéric Davoust ne dégénéra pas de ses ancêtres.
Il fit ses premières études au collège de Lassay, ses humanités au
collège de Mayenne et sa philosophie au petit séminaire de Tessé, au
Mans. En ces divers établissements ses maîtres auraient pu certifier,
comme M. le principal du collège de Lassay : « Que M. Frédéric
Davoust avait fait des progrès sensibles, qu'il s'était fait remarquer
par sa piété, sa docilité et sa sagesse, et qu'il emportait les regrets
de son régent (2) ». Entré au grand séminaire en 1831, pour y
suivre les cours de théologie, et convaincu que ce temps du séminaire n'était qu'une préparation à son élévation au sacerdoce et à
l'exercice du saint ministère, M. l'abbé Davoust s'appliqua tout entier à acquérir la piété et la science nécessaires au prêtre. Aussi,
devint-il un saint *prêtre* et un vrai *savant*.

I

M. l'abbé F. Davoust fut ordonné prêtre le 24 mai 1834, au
mois d'octobre suivant il était nommé vicaire à la Bazouge-
de-Chemeré, au diocèse actuel de Laval. D'une nature vive et ar-
dente et dès lors rempli d'un saint zèle pour la gloire de Dieu
et le salut des âmes, il sait qu'avant de sauver les autres il doit se

(1) M. l'abbé Fraimbault François-Philéas Davoust, ordonné prêtre en
1826, par Mgr Montault, évêque d'Angers; successivement vicaire d'An-
douillé, curé de Neuvy-en-Champagne, de Champfremont, de Saint-Samson
et des Chapelles, se retira chez son frère à Brulon, où il mourut le 12 septembre 1874.

M. l'abbé Georges Davoust qui, après cinquante années passées dans le saint
ministère en qualité de vicaire au Pré d'abord puis ensuite à Château-Gontier,
s'est retiré dans sa famille à la Ferté-Macé.

(2) Certificat. Pièce manuscrite signée Durand, principal du collège de Lassay,
23 octobre 1828.

sauver lui-même (1), il sait qu'en tout et partout le prêtre doit donner l'exemple et pratiquer les vertus qu'il prêche.

Pour graver ces pensées dans son cœur il les écrit, il se trace un règlement pour toute sa vie sacerdotale. Ce règlement, qu'il se fait une obligation de relire souvent, sera modifié suivant les divers travaux auxquels la divine Providence l'appellera, et chaque retraite lui donnera l'occasion de le renouveler suivant les besoins de son âme. En voici quelques extraits : « Je dois être bien convaincu qu'un règlement m'est nécessaire pour persévérer dans mes résolutions, puissé-je ne jamais m'en départir afin que toutes les actions de ma vie étant faites avec ordre, soient agréables à Dieu qui est le Dieu de l'ordre!..Je dois me rappeler que j'ai pris pendant ma retraite préparatoire au sous-diaconat la résolution de ne jamais manquer de faire une demi-heure d'oraison tous les jours de ma vie... J'éviterai de tout mon pouvoir de me laisser aller à la routine et à la précipitation dans une action aussi sainte que l'est la célébration de la sainte Messe. Je dois faire tout mon possible pour contracter l'habitude de réciter mon bréviaire sans précipitation, avec piété et recueillement .. Chaque année je lirai une partie de ma théologie... L'instruction du peuple et surtout le catéchisme sont des obligations bien importantes pour un prêtre, je tâcherai donc pour m'en bien acquitter de les faire le plus simplement que je pourrai. Quant au catéchisme j'y donnerai tous mes soins parce que les enfants sont l'espoir d'une paroisse. Je me proposerai dans toute ma conduite l'imitation de Jésus-Christ, je ferai tout mon possible pour étendre et inspirer la dévotion à la très sainte Vierge. Je fuirai toujours les moindres occasions du péché afin de ne point m'exposer à offenser Dieu en quoi que ce soit... Il n'y a rien de si nécessaire, à un prêtre, que l'étude à laquelle on se livre en vue de Dieu, d'abord elle préserve de l'oisiveté, mère de tous les vices ensuite elle met le prêtre dans le cas de rendre les plus grands services à l'Église. » Tels étaient les sentiments de M. F. Davoust à son début

____

(1) 1ª *ad Corinth.*, c. IX, ÿ 27. *Ne forte cum aliis prædicaverim ipse reprobus efficiar.*

dans le saint ministère et ces résolutions devaient rester la règle de sa vie toute entière.

« Il y a toujours dans tout homme, disait hier Mgr Mermillod (1), un trait caractéristique qui le résmue tout entier et marque de son empreinte son esprit, son cœur son âme et le travail de sa vie. « Partout M. l'abbé F. Davoust, sera l'homme de la règle : à la Bazouge comme vicaire, comme curé à Asnières et à Brulon, et quiconque vit selon une règle vit selon Dieu, *Qui ordin^e vivit, Deo vivit.*

« Venu vicaire à la Bazouge en sortant du séminaire il y vécut pendant près de dix ans dans l'accomplissement fidèle de ses devoirs, dévoué à son vénéré curé, zélé pour le saint ministère, aimé et estimé de ses paroissiens et s'instruisant activement. » C'est le témoignage d'un vénérable prêtre qui lui-même l'a vu à l'œuvre (2).

Le 27 mars 1844, M. l'abbé F. Davoust était nommé curé d'Asnières. « A mon arrivée ici, écrivait-il lui-même, je trouvai une paroisse bien triste sous le rapport religieux…, la plupart des habitants n'allaient pas à la messe, quelques hommes seulement faisaient leurs Pâques. La première année de mon ministère à Asnières je n'eus que cent trente personnes à remplir leur devoir pascal sur une population de huit cents habitants ; la seconde année j'eus deux cents personnes, la troisième deux cent soixante-quinze et depuis plusieurs années trois cent quatre-vingt-dix à quatre cents. Il n'y avait d'école ni pour les garçons ni pour les filles, j'ai pu réussir à faire établir une école de garçons et à fonder un établissement de sœurs (3). » En 1857, M. le curé d'Asnières voulut procurer à ses paroissiens la précieuse faveur d'une mission. Elle fut prêchée par le père Lœvembruck, missionnaire apostolique. Dans la plupart des missions qu'il donna par la suite en diverses paroisses de la Sarthe et de la

____

(1) Oraison funèbre de Son Em. le Card. Régnier, par Mgr Mermillod.

(2) Lettre de M. l'abbé Marchand, curé de Chemeré-le-Roi.

(3) Lettre à M. l'abbé Heurtebize Vic. Gén. Les enfants étaient obligés d'aller en classe dans une paroisse voisine, à Fontenay.

Mayenne, ce zélé missionnaire s'adjoignit fréquemment M. l'abbé F. Davoust en qualité de confesseur (1).

Nommé curé-doyen de Brulon le 11 février 1860, M. F. Davoust trouva là le champ largement ouvert pour déployer son zèle et son activité (2). Il se mit à l'œuvre : « Mais à côté du ministère ordinaire si saint, si respectable, mais hélas ! trop souvent infructueux, la nécessité d'un ministère extraordinaire s'est toujours manifestée dans les conseils et dans la divine économie de la Providence (3). » Les pasteurs sont des hommes de tous les jours et de tous les instants..., un étranger qui survient... ramène plus aisément les esprits et les cœurs à la pratique des vertus (4). Désireux d'obtenir ces précieux résultats, M. l'abbé Davoust appelait à Brulon le Père Lœvembruck pour y prêcher le carême de l'année 1861 (5). Ses espérances ne furent pas déçues. A la suite de cette mission, la foi se ralluma dans les cœurs. la piété sembla prendre un nouvel essor les œuvres étab'ies se consolidèrent et de nouvelles furent accueillies avec empressement: L'œuvre de la Sainte-Enfance, la confrérie du Rosaire vivant, l'Association des Dames protectrices des pauvres ou atelier de charité, la garde d'honneur du Sacré-Cœur, la communion réparatrice, etc., autant d'œuvres qui, grâce au zèle du pasteur, prirent racine dans la paroisse, produisirent et produisent encore d'excellents fruits. Toutes ces œuvres et en particulier celles de la Propagation de la foi et de la Sainte-Enfance devaient recevoir un nouvel affermissement par la présence à Brulon et les pressantes

---

(1) A Sainte-Colombe de la Flèche, à Vallon en 1858, aux Chapelles en 1859, à Avessé en 1860, à Saint-Samson en 1863, etc.

(2) Il succédait à M. l'abbé J.-B.-Julien Desnos qui fut curé de Brulon pendant trente et un ans. Nommé le 17 février 1828 il mourait le 30 décembre 1859. Pendant les dernières années de sa vie il avait dû remettre aux soins de ses vicaires l'administration de la paroisse.

(3) Œuvres du Cardinal Giraud. Lettre pastorale sur la fondation de l'Œuvre de Saint-Charles.

(4) Rapport du ministre Portalis, adressé le 4 août 1806 à Napoléon I.

(5) Plusieurs années après, et à différentes époques, le P. Chaignon, alors missionnaire à N. D. du Chêne, vint à Brulon prêcher un carême et faire successivement plusieurs retraites qui portèrent aussi d'excellents fruits et dont on a gardé bon souvenir.

exhortations de Mgr Pichon, vicaire apostolique du Se Tchouan méridional (1).

« La bénédiction d'un évêque est toujours féconde en faveurs spituelles, mais lorsque cet évêque est en même temps un apôtre qui a traversé les mers pour aller prêcher la foi aux infidèles, cette bénédiction a quelque chose de plus précieux encore (2). » Les circonstances permirent à M. le curé de Brulon de procurer à ses paroissiens l'honneur et la faveur de voir et d'entendre le pieux évêque d'Helenopolis, Mgr Pichon du reste était déjà connu à Brulon (3), puisqu'il y avait exercé le saint ministère en qualité de vicaire pendant plusieurs années : aussi fut-il accueilli avec empressement par ses anciens paroissiens et sa présence au milieu d'eux produisit des effets salutaires.

(1) Mgr Pierre-Marie-Joseph J. Pichon, évêque d'Helenopolis, vicaire apostolique du Se-Tchouan méridional en Chine, se rendait au concile du Vatican. Il officia pontificalement dans la cathédrale du Mans, le jour de la Toussaint 1869, et vint à Brulon dans les premiers jours de novembre de la même année. Mgr Pichon fit appel à la charité des habitants de Brulon, en faveur de sa mission. Tous y répondirent généreusement. Il en exprime toute sa reconnaissance dans toutes ses lettres, particulièrement à l'égard de la famille Chappe d'Auteroche qui toujours fidèle aux nobles traditions de ses illustres ancêtres, sut en cette circonstance comme en toutes les autres montrer son dévouement à la cause de la religion et du bien, en même temps que sa générosité bien connue et bien appréciée de tous. Mgr Pichon faisait offrir les mêmes remerciements à M. le Vicomte de la Taille des Essarts, dont la charité et le dévouement sont également bien connus à Brulon. Il mentionnait également la famille Barbin.

(2) Vie de M. Michel Gasnier, archiprêtre de Chateau-Gontier, par un de ses vicaires, (M. l'abbé Georges Davoust), p. 24.

(3) Mgr Pichon appartenait au diocèse du Mans. Né à 'Neuilly-le-Vendin, diocèse actuel de Laval, nommé vicaire à Brulon, le 1er novembre 1841, il en partait au mois d'août 1844, pour se rendre au séminaire des Missions-Étrangères à Paris. Il quittait la capitale de la France le 15 mars 1845 pour aller évangéliser les infidèles. Revenu en France en 1869, il se rendit de là à Rome pour prendre part aux travaux du concile, rentra en France en 1870 et vint mourir à l'hôpital de Saint-Fraimbault de Lassay, le 12 mars 1871. — *Sem. du Fidèle*, T. II, p. 353, T. X, année 1871, p. 281-1028. — Dom Piolin. La miraculeuse chapelle de N. D. du Chêne, 5e édition, page 137.

Nous extrayons d'une de ses lettres le passage suivant qui montrent bien toute l'affection de son cœur pour ses anciens paroissiens. « Je me réjouis, écrivait-il à Monsieur le curé de Brulon, que vous ayez consacré au Cœur Immaculé de Marie, notre bonne et si tendre mère, tous ces chers et toujours bien-aimés enfants de Brulon. Marie, j'en ai la douce confiance, touchera en leur faveur le cœur de son divin Fils et d'abondantes bénédictions se répan-

En même temps qu'il donnait toute sa sollicitude aux besoins spirituels des âmes, M. l'abbé F. Davoust s'occupait également des intérêts matériels. En 1865 il entreprit la reconstruction complète du presbytère et commença la restauration de son église. « Vieux monument du XIIᵉ siècle, remarquable surtout par la vaste étendue de sa nef qui n'a pas d'égale dans le diocèse (1), » cette antique église menaçait ruine (2) ; les murs de la nef furent refaits presque à neuf, mais restées sans aucune ornementation architecturale, ces larges murailles étaient d'une pauvreté extrême. De magnifiques peintures — malheureusement inachevées — sont venues les embellir et les dé-

dront sur votre paroisse. Et puis que n'avez-vous pas à attendre des œuvres de la Propagation de la Foi et de la Sainte Enfance qui sont en progrès à Brulon : Et cette pieuse association de Dames dont la charité se plait à revêtir les membres souffrants de J.-C. dans la personne des pauvres, n'est-elle pas de nature à consoler votre cœur de père justement affligé et effrayé sur le sort d'un trop grand nombre d'infortunés encore indociles à la voix du pasteur ? Oui, mon bien cher curé, j'espère que grâce à votre zèle actif, persévérant et éclairé, le bon Dieu opérera à Brulon des miracles. Mon concours, tout faible qu'il soit, ne vous fera pas défaut auprès de Jésus et de Marie Immaculée. Je ne cesserai de prier — c'est tout ce qu'il m'est donné de faire — Jésus le divin Maître d'accorder, par l'entremise de Marie Immaculée, la grâce de là persévérance aux justes et celle d'une sincère et prompte conversion aux pécheurs. Hélas ! Que ne leur est-il donné de voir à découvert notre cœur, ils y découvriraient la tendre affection que Dieu nous a donnée pour eux et peut-être en seraient-ils touchés. Je puis dire que ni l'espace presque immense qui nous sépare, ni le silence de dix-huit années n'a diminué en rien notre affection pour Brulon, surtout en ce qui concerne son spirituel... »
(† P. M. J. J. Év. d'Hélénopolis. Vic. Ap.)

En mettant sous les yeux des habitants de Brulon, ces sentiments si affectueux, ces souhaits si sincères d'un pieux évêque, notre prédécesseur, comme vicaire en cette paroisse, qu'il nous soit permis de faire appel à leur foi et à leur cœur, en leur renouvelant nous-même plus instamment que jamais, et les mêmes sentiments et les mêmes souhaits. Ces admirables paroles d'un saint apôtre nous osons nous en emparer, pour les leur adresser avec les mêmes accents de conviction et d'affection pour le bien de leurs âmes. Puisse notre appel être entendu, et Dieu, exauçant nos prières, donner la grâce de la persévérance aux justes et celle d'une sincère et prompte conversion aux pécheurs.

(1) Registre des délibérations du conseil de Fabrique, décembre 1867, p. 105 — et 1ᵉʳ septembre 1866, p. 101.

(2) Avant la Révolution l'église paroissiale actuelle était l'église du Prieuré. Ce prieuré de Bénédictins, fondé en 1068, dépendait de l'abbaye de la Couture. — D. Piolin, *Histoire de l'Église du Mans*. T. III, p. 243 et 659.

corer (1). Ces travaux durent être interrompus au grand regret
de M. le curé, car le soin de la maison de Dieu ne cessa jamais
de préoccuper son cœur (2). Il se proposait de continuer son
œuvre lorsque le Seigneur dont les desseins sont impénétrables
l'a rappelé à lui. Aussi le seul regret qu'il ait exprimé en mourant
a-t-il été celui de n'avoir pu terminer les réparations de son église.

Le travail matériel n'est que momentané et passager, le soin des
âmes est pour un pasteur un travail continuel et de chaque instant.
Tel fut l'objet constant de la sollicitude de M. le curé de Brulon.
« Le pasteur, dit St-Grégoire, doit toujours être le premier à donner
l'exemple, afin qu'en marchant lui-même dans la droite voie, il y
puisse diriger le troupeau tout entier et le conduire plus encore
par l'exemple que par la parole. (3) » Telle a toujours été la
conduite de M. l'abbé F. Davoust. Très régulier dans l'exercice de
toutes les fonctions du saint ministère, il en est deux surtout qu'il
affectionnait particulièrement : la confession et le catéchisme. Assidu
au confessionnal chacun pouvait trouver près de lui les avis, les
conseils et surtout la direction dont il avait besoin. Quant au
catéchisme, fidèle à la résolution qu'il avait prise en quittant le
séminaire, il y donnait tous ses soins. « Les enfants sont les hommes

(1) Ces peintures, parfaitement en harmonie avec le style de l'église,
représentent les stations du Chemin de la Croix. Elles sont l'œuvre de
M. Renouard, bien connu déjà par ses travaux à Montfort, Bonnétable,
Fresnay, Solesmes, etc. M. le curé dut faire appel à la générosité de ses
paroissiens. Plusieurs personnes pieuses des environs vinrent aussi lui
apporter leurs généreuses offrandes. Dernièrement encore M. le marquis de
Talhouët faisait remettre à M. le vicaire de Brulon une somme de 1.000 fr.,
pour le chemin de la Croix. Les armoiries des donateurs ou les écussons à
leurs initiales, peints sur le mur, remplacent l'ancienne litre ou bande seigneu-
riale que l'on peut voir encore dans les chapelles du transept. Les armes des
d'Andigné de Resteau, des Chappe d'Auteroche, des de Quatrebarbes, des de la
Taille ou les initiales des personnes généreuses qui ont offert une station y
sont représentées en témoignage de leur générosité. Du reste les nombreuses
offrandes toutes spontanées de la part des habitants de Brulon font honneur
aux sentiments religieux de la population.

(2) *Zelus domus tuæ comedit me.* (Joan. Cap. ii, ÿ. 17.

(3) *S. Gregorii Magni. De cura pastorali liber 2ª pars Cap. iii.* « *Sit
rector operatione præcipuus, ut vitæ viam subditis vivendo denunciet et grex
qui pastoris vocem moresque sequitur per exempla melius quam per verba
gradiatur.* »

de l'avenir (1) », il est important qu'ils apprennent à devenir et à rester fermement chrétien. Dès lors « le catéchisme est notre grand devoir » disait Mgr Dupanloup (2) aussi pour M. le curé de Brulon, ce devoir était sacré.

La plus grande gloire de Dieu, l'accomplissement strict du devoir, l'amour sincère de la règle, le bien général de tous dirigeaient toutes ses actions. Cette grande régularité qu'il exigeait en toutes choses, sa fermeté inébranlable, sa vivacité naturelle pouvaient paraître excessives en certaines circonstances et l'on était parfois tenté de les blâmer en blâmant également sa manière d'agir, mais lorsqu'on avait découvert tout ce que son cœur de prêtre renfermait de dévouement pour le bien on l'excusait, car si les résultats n'étaient pas toujours ceux qu'on eût pu désirer, du moins on pouvait être assuré qu'en toute chose son unique mobile était le désir du bien, l'amour de la règle et du devoir. Son grand bonheur comme son grand désir était de rendre service, c'était là le trait distinctif de son caractère et on le savait si bien que l'on venait avec confiance s'adresser à lui. Dire les services de toute sorte qu'il a rendus à tous et à chacun serait chose impossible et le témoignage de tous ceux qui l'ont connu est unanime sur ce point. (3)

C'est là une chose digne de remarque qu'à notre époque où plus que jamais peut-être, l'on cherche à répandre partout le mensonge et la calomnie contre le prêtre et la religion, les indifférents, souvent même ceux qui se sont déclarés ses ennemis, s'adresseront de préférence au prêtre pour en obtenir un conseil, un service ou un bienfait. Cette confiance pour ainsi dire naturelle dans la bonté et la charité du prêtre, l'impie voudrait-il qu'on la lui accordât à lui-même lorsque par tous les moyens il cherche à abolir cette religion, dont la morale sublime fait à tous une loi de la charité et du dévouement.

(1) Mgr Dupanloup, évêque d'Orléans. L'Œuvre par excellence ou entretiens sur le catéchisme, p. 41, liv. I, 4ᵉ Entretien.
(2) Id. Préface.
(3) Les habitants de Brulon qui plus que les autres encore ont été les témoins de sa charité et de son empressement à rendre service, ne sauraient oublier tout particulièrement le dévouement qu'il montra et les bons offices qu'il rendit à ses paroissiens pendant le séjour des Prussiens dans le pays.

S'il l'attaque cette loi, peut-il prétendre la pratiquer et faire croire qu'il la pratique. Le prêtre, le premier, doit la pratiquer, lui dont la mission est de l'enseigner aux autres. Dès lors « le prêtre ! Que doit-il faire dans une paroisse. Il doit aimer ; et comme tout amour il faut qu'il s'inquiète, qu'il compatisse, qu'il console, qu'il se dévoue. Il est père des âmes et comme tout père il faut qu'il aime... (1) » Dieu est charité (2) la religion chrétienne est charité, le prêtre selon Dieu est charité. Et l'on vient avec confiance s'adresser à ce prêtre que l'on voit cherchant partout « des ignorances à éclairer, des pleurs à essuyer, des blessures à guérir, des tristesses à consoler, des pauvres à nourrir, des âmes à sauver, à ce prêtre digne de sa vocation et de son nom. » Cette confiance n'est jamais trompée, le bon pasteur doit se dévouer et se dévoue toujours pour son troupeau (3) et l'on peut répéter de M. l'abbé Davoust ce qu'en a dit déjà la *Semaine du Fidèle* : Pieux et zélé pasteur il a dépensé sa vie pour ses brebis (4).

II

Le prêtre selon le cœur de Dieu est le même partout. Partout c'est le même dévouement, la même charité, le même zèle pour le bien des âmes : dévouement, charité zèle plus ou moins mis au jour suivant les circonstances. Mais selon la mesure des dons naturels que Dieu lui a faits, tout prêtre doit de plus acquérir la science et non pas seulement cette science ecclésiastique qui lui est indispensable pour remplir dignement sa mission, mais aussi et de nos jours surtout le prêtre doit étudier les sciences profanes. Les lèvres du prêtre, di[t]

(1) Christianisme et socialisme. Conférences du Mans 1879 par le P. Félix p. 87.

(2) *Deus caritas est*, 1ᵃ Joan. Cap. iv ỹ 8.

(3) *Bonus pastor suam vitam dat pro ovibus suis.* Joan. C. 11. ỹ x.

(4) *Semaine du Fidèle* nº 3, 11 décembre 1880, p. 64

la sainte Écriture, seront les dépositaires de la science (1). A toutes
les époques de l'histoire le clergé a été le gardien et le protecteur des
sciences et l'on a pu dire avec vérité que : « presque toutes les inven-
tions et les grandes découvertes étaient l'œuvre du clergé et des
moines (2). » De nos jours les sciences et les sciences naturelles surtout sont devenues pour ainsi dire l'arsenal de l'impiété, c'est par
elles que les matérialistes ont tenté de mettre la foi et la raison en
désaccord avec l'expérience et la prétendue science. Il appartient dès
lors tout particulièrement au prêtre de défendre autant que faire se
peut la vérité attaquée, et de « convaincre tous les impies de toutes
les actions d'impiété qu'ils ont commises et de toutes les paroles
dures et injurieuses qu'ils ont proférées contre Dieu » (3). Monsieur
l'abbé Davoust voulut acquérir cette vraie science qui en maintes
circonstances lui fournit l'occasion « de pouvoir exhorter selon la
saine doctrine et de convaincre ceux qui s'y opposaient » (4). Des
aptitudes spéciales le portèrent vers l'étude de l'histoire naturelle.
Il a cependant laissé plusieurs travaux d'histoire locale et de
numismatique qu'il est bon de désigner dès maintenant.

L'année même où, jeune vicaire, M. l'abbé F. Davoust commençait
le ministère qu'il devait exercer près de cinquante années, l'Evêque
que la Providence venait d'appeler à illustrer par sa piété et sa
science la chaire de saint Julien, Mgr Bouvier, dans une lettre circulaire adressée aux prêtres de son diocèse, ordonnait à chacun
d'eux de rédiger les chroniques de sa paroisse (5). M. Davoust se mit
aussitôt à l'œuvre et rédigea non sans peine *Les Chroniques de la*

(1) *Labia sacerdotis custodient scientiam.* Malac. II, ỹ 7.

(2) Revue du Monde Catholique. Amédée Leyret. 25 juillet 1876.

(3) *Et arguere omnes impios de omnibus operibus impietatis eorum et de
omnibus duris quæ locuti sunt contra Deum peccatores impii.* Epist. S. Judæ
v 15.

(4) *Ut potens sit exhortari in doctrina sana et eos qui contradicunt
arguere.* Ep. ad. Tit. I, 9.

(5) Lettre circulaire de Monseigneur l'Évêque du Mans, sur divers points de
discipline et d'administration ecclésiastique. Parag. VI. Des chroniques dans
chaque paroisse, p. 15. « Vous ferez l'histoire de votre paroisse en remontant
aussi haut que vous pourrez... »

paroisse de la Bazouge-de-Chemiré-le-Roi (1). En 1855, dans une séances générales de la société d'agriculture, sciences et arts de la Sarthe, il présentait *le Dessin d'une statue de sainte Anne dépendant d'un petit oratoire renfermé dans le mur d'une maison d'Asnières*, il accompagnait cette communication *de Quelques notes sur cette statue* (2). Il publia en 1859 une *Notice sur l'église d'Asnières* (3), puis en 1865 *Quelques vers trouvés dans les archives de la mairie de Brulon* (4). La découverte d'une certaine quantité de pièces de monnaies anciennes détermina M. Davoust à étudier un peu une science encore bien neuve, la numismatique. « Cette science, disait M. E. Hucher, se constitue d'éléments stratifiés et laborieusement analysés et ce n'est que lorsqu'on aura recueilli une masse considérable de documents certains qu'il sera permis de hasarder quelques hypothèses qui auront alors un fondement » (5). En publiant ses découvertes, M. Davoust, apportait donc son contingent en faveur du développement de cette science. Dans une *Première notice sur les médailles romaines trouvées dans le département de la Sarthe*, il donna a description de 17 pièces dont la plupart faisaient partie de sa collection (6). Une deuxième notice en fit connaître vingt-quatre autres (7). Enfin dans un troisième article il donnait la description de 22 médailles romaines trouvées à Chevillé (8).

(1) Ces notes sont restées jusqu'à présent manuscrites. M. l'abbé Davoust en laissa un exemplaire dans les archives de la Fabrique de la Bazouge-de-Chemiré, l'autre a été trouvé dans ses papiers. Ces notes doivent servir à la publication de travaux historiques sur le département de la Mayenne.

(2) Bulletin de la société d'agriculture, sciences et arts de la Sarthe. Année 1855, p. 238.

(3) Bulletin de la société d'agriculture... Année 1859, p. 48. Il avait ajouté à cette notice la liste des patrons de l'église d'Asnières. Cette liste ne paraît pas avoir été publiée.

(4) Bulletin de la société d'agriculture... Année 1865, p. 184.

(5) Eug. Hucher. Mélanges numismatiques, 1er fascicule, juillet 1874, p. 1.

(6) Notice sur les médailles romaines trouvées dans la Sarthe, par M. l'abbé Davoust. Bulletin de la société d'agriculture, année 1864.

(7) Deuxième notice sur les médailles romaines trouvées dans le département de la Sarthe, par M. l'abbé F. Davoust, curé-doyen de Brulon. Bulletin de la société d'agriculture, années 1865-1866, p. 335.

(8) Notice sur vingt-deux médailles romaines trouvées à Chevillé par M. l'abbé Davoust. Bulletin de la société d'agriculture, sciences... Année 1869, p. 173.

Ces recherches historiques et numismatiques tout en l'interessant beaucoup n'étaient cependant pour lui que secondaires. Ses goûts et ses aptitudes le portaient plus spécialement vers l'histoire naturelle. « L'étude de la nature, écrivait-il lui-même, a quelque chose d'extrêmement attrayant pour ceux qui s'y livrent avec un peu d'attention et de persévérance. Le créateur de toutes choses a semé partout tant de merveilles que, pourvu qu'on soit tant soit peu observateur, on ne peut contenir son admiration » (5). M. l'abbé F. Davoust s'adonna d'abord à l'étude de la botanique et de l'entomologie. Il était parvenu à former une collection très considérable d'insectes que le temps a complètement détériorés. Son but était de réunir ainsi tous les insectes et mêmes productions naturelles des départements de la Sarthe et de la Mayenne, avec catalogue exact des localités, des circonstances de mœurs, d'apparition, de rareté etc. C'était un ouvrage des plus utiles et qui eût pu servir de base à une faune locale. Pour ce faire il avait demandé le concours de MM. Blisson, Anjubault, de Marseul, savants naturalistes. Son ouvrage encore manuscrit lui fut volé dans un hôtel du Mans en même temps que son sac de voyage. Il refit en partie son travail mais il est resté manuscrit et incomplet (1). Il publia cependant en 1851 une *Note sur quelques insectes nuisibles à l'agriculture* (2) et plus tard, en 1861, un autre travail sur les *Propriétés d'un insecte de la famille des épispastiques*(3). Après avoir expérimenté lui-même pendant vingt ans les propriétés de cet insecte il voulut les faire connaître au public. « Votre mémoire, Monsieur, lui écrivait à ce sujet M. Ogier de Baulny (4) est du plus grand intérêt pour l'ento-

(1) Notes manuscrites trouvées dans ses papiers.

(2) Ce manuscrit est assez volumineux. Il a laissé en outre un autre petit manuscrit qui a pour titre : *Calendrier entomologique des insectes que l'on trouve en chaque mois de l'année.*

(3) Note sur quelques insectes nuisibles à l'agriculture, par M. l'abbé Davoust, curé d'Asnières. Bulletin de la société d'agriculture... Année 1851, p. 332.

(4) Propriétés d'un insecte de la famille des épispastiques, par M. l'abbé F. Davoust, curé, doyen de Brulon. Bulletin de la société d'agriculture... Année 1861, p. 163. Ce travail a été publié en brochure.

(5) Naturaliste auteur de plusieurs travaux d'entomologie, entr'autres : *les coléoptères de l'Yonne.* 1860. A son exemple M. Davoust avait entrepris de

mologie et pour la médecine, en ce qu'il nous prouve d'une façon irrécusable, grâce à vos judicieuses observations et à vos expériences multipliées, que la propriété épispastique des meloès est de beaucoup supérieure à celle des cantharides, et que leur efficacité est incontestable contre les affections dartreuses. » « Votre travail lu en séance, lui écrivait M. Aimé de Soland, président de la société linéenne de Maine-et-Loire, a fait le plus grand plaisir et la société, à l'unanimité, m'a chargé de vous offrir le titre de membre correspondant. Ce serait un grand honneur pour nous si un homme aussi distingué que vous voulait bien s'associer à notre œuvre et encourager nos travaux. » Il serait impossible d'indiquer le nombre des malades auxquels il a rendu la santé, à l'aide de cette précieuse découverte. La guérison du corps s'opérait rarement sans que l'âme en ressentît elle-même de salutaires effets. Il aimait à raconter le trait suivant : Monsieur le curé vous m'avez sauvé la vie! lui dit un jour en le rencontrant un pauvre homme qu'il avait guéri. — La vie du corps, mais votre âme, mon cher ami, n'est-elle point malade? je pourrais vous guérir encore venez vous confesser. — Oh! Monsieur, répondit l'ouvrier, j'en ai plus besoin qu'envie. Il le fit cependant quelque temps après et la guérison fut complète. — Monsieur l'abbé Davoust a encore publié la *Liste des poissons de la Vègre depuis Brulon jusqu'à son embouchure* (1).

Mais la science qui devait avoir sur toutes ses préférences, celle à laquelle il devait consacrer tous les loisirs que pouvaient lui laisser l'exercice du saint ministère, c'était la géologie. Un simple conseil de son Évêque fut pour lui une loi. « Je verrai avec plaisir, disait Mgr Bouvier dans la circulaire déjà citée, que sans négliger les fonctions et les études ecclésiastiques vous vous occupiez de ces sortes de

publier *Les Coléoptères de la Sarthe*. « Désirant disait-il nous rendre utile à ceux qui voudraient se livrer à l'étude de l'entomologie dans le département de la Sarthe, nous avons, à la demande de plusieurs de nos honorables collègues, entrepris de publier le catalogue des coléoptères qui y ont été trouvés jusqu'à ce jour... » Ce travail inachevé est resté manuscrit.

(1) Liste des poissons observés dans la Vègre depuis Brulon jusqu'à son embouchure, par M. l'abbé Davoust. Bulletin de la société d'agriculture. Année 1855, p. 234.

recherches (historiques et archéologiques) et aussi de ce qui concerne la géologie dont on s'occupe beaucoup maintenant (1) » « Cette science commençait en effet à arriver à des conclusions incontestables, son rang lui était désormais assigné parmi les sciences du premier ordre. L'histoire de la terre est le but et la fin des recherches géologiques. La terre recèle dans son sein d'impérissables monuments de son passé, elle possède, dans un état de conservation admirable, les archives d'une prodigieuse antiquité qu'il faut préalablement apprendre à déchiffrer, si l'on prétend arriver à une détermination exacte des divers âges de son existence. (2) » Telle fut la science à laquelle M. l'abbé Davoust se donna tout entier et dans laquelle il devait illustrer son nom. Les circonstances du reste le favorisèrent et, dès le début, il put se mettre en rapport avec les géologues les plus distingués. M. Loupot, capitaine d'état-major employé au ministère de la guerre et chargé de dresser les cartes de la Sarthe et de la Mayenne se fixa pour quelques jours à Asnières. (3) Ayant appris que M. le curé s'occupait d'histoire naturelle il vint lui proposer d'échanger leurs connaissances, M. Davoust donnait des leçons de botanique et d'entomologie et l'officier des leçons de géologie. « Pour cultiver cette science avec fruit le géologue doit être doué d'un jugement droit et d'un esprit logique. » (4) Avec ces deux qualités, son activité, aidé des conseils et des leçons des plus savants paléontologistes, placé au milieu d'un pays très riche en fossiles, M. Davoust fit de rapides progrès et devint vite un géologue distingué. Sa collection déjà nombreuse s'enrichit

(1) Lettre circulaire de Monseigneur l'évêque du Mans sur plusieurs points de discipline, paragraphe VI, p. 17.

(2) H. Coquand professeur de géologie, licencié en droit, etc. Discours l'inauguration du cours de géologie, à la faculté des sciences de Marseille, 1860. — Ce savant passa trois jours à Asnières en 1859 pour étudier la collection de M. Davoust et prendre des notes.

(3) Le *Commerce* de Sablé, du 9 août 1845, raconte une aventure singulière arrivée à Asnières, à M. Loupot, officier d'état-major. Ses fréquentes visites chez M. le curé, leurs courses scientifiques, leurs recherches dans les carrières le rendirent suspect on le prit pour un conspirateur. On dépêcha à Sablé et les gendarmes vinrent l'arrêter.

(4) *Éléments de géologie* par E. l'abbé C. P. p. 1.

chaque jour de nouveaux fossiles qui tous étaient classés dans l'ordre scientifique le plus parfait. M. de Verneuil vice-président de la Société géologique de France, venait la visiter en 1849, il y revenait en 1855, pour étudier plusieurs fossiles dont il voulait donner la description. En 1850 les membres de la Société géologique de France, réunis extraordinairement au Mans, venaient à Asnières visiter la collection de M. le curé. et M. Ed. Guéranger rendait compte de cette visite en ces termes : « Les fossiles recueillis à Conlie et à Guéret qui ont été vus dans la riche collection d'un de nos collègues M. l'abbé Davoust curé d'Asnières, ont été l'objet de discussions... » (1). Parmi les visiteurs on peut citer MM. Bertrand Geslin, président, G. Cotteau, juge au tribunal d'Auxerre, le comte de Keyserling, chambellan de l'empereur de Russie, Coupery, avocat à la cour d'appel, à Paris, Michelin Chardouin, doyen des conseillers référendaires à la Cour des comptes, à Paris, de Verneuil, membre de l'Institut, etc. La plupart de ces savants revinrent séparément visiter et étudier la collection de M. Davoust. Quant à lui, chercheur infatigable, il ne perd pas un instant, il parcourt avec l'ardeur du savant tous les terrains les plus fossilifères de la Sarthe et de la Mayenne, étudie, classe, détermine chaque fossile et lorsqu'il ne peut le faire lui-même, il a recours aux maîtres de la science, àMM. d'Orbigny, de Verneuil, Tromelin, Daubrée etc., avec lesquels il est en correspondance suivie. En 1855, il publia une *Note relative au drainage appliqué aux mines* (2), et la même année il répondit par un travail assez important à cette question : *Quelles sont parmi les coquilles fossiles recueillies en France celles qui n'ont encore été trouvées que dans le département de la Sarthe* (3). Dans le but de préciser

(1) Rapport sur la réunion générale de la Société géologique de France, par M. Ed. Guéranger. *Bulletin de la Société d'agriculture sciences et arts de la Sarthe*, année 1850, p. 138.

(2) Bulletin de la Société d'agriculture, sciences et arts de la Sarthe, année 1855, p. 240. *Note relative au drainage appliqué aux mines*, par M. l'abbé Davoust.

(3) Id. — Année 1855, p. 463. Quelles sont parmi les coquilles fossiles recueillies en France, celles qui n'ont encore été trouvées que dans le département de la Sarthe, par M. l'abbé Davoust. Ce travail publié séparémen

les espèces par des figures et des descriptions inédites il prépara, en collaboration avec M. D. Œlhlhert, une note qui doit paraître incessamment dans le *Bulletin géologique de France.* Elle a pour titre : *Description de quelques fossiles du terrain devonien inférieur de la Sarthe par MM. Œlhlhert et Davoust.* C'est ainsi, que sans presque rien publier par lui-même, M. Davoust contribuait cependant à bon nombre de publications paléontologiques (1).

D'ordinaire les collectionneurs sont avares de leurs trésors, plusieurs poussent l'égoïsme jusqu'à s'en réserver complètement la jouissance. Telle n'était pas la manière d'agir de M. l'abbé Davoust. En cela, comme en tout le reste, se révèle parfaitement tout le désir qu'il avait d'être utile à la science et tout le bonheur qu'il trouvait à obliger. Par amour de la science et en faveur des savants, il consentait à se desaisir pour quelque temps de ses échantillons les plus rares. Plusieurs fossiles, qui du reste portent son nom, ne se trouvent que dans sa collection et les savants qui ont voulu en faire la description ont dû les lui emprunter ou venir les étudier chez lui. Les paléontologistes connaissaient si bien son obligeance qu'ils ne craignaient pas d'y faire appel : « Je viens encore une fois faire appel à votre obligeance, lui écrivait M. G. Cotteau, juge au tribunal d'Auxerre, je me suis décidé à publier moi-même mon travail sur les oursins de la Sarthe, je viens donc vous prier de vouloir bien m'envoyer en communication tous les oursins de votre collection, vous voudrez bien y joindre les indications de gisement et de localité. « M. Cotteau pouvait donc justement dire en commençant une de ses brochures : « Nous connaissons en ce moment dans la Sarthe, grâce aux communications obligeantes de MM. Davoust, Guéranger, Triger, environ

porte pour titre : *Quels sont parmi les corps organisés fossiles, recueillis en France ceux qui n'ont encore été trouvés que dans le département de la Sarthe,* par M. l'abbé Fred. Davoust.

(1) De tous côtés les savants s'adressaient à lui et beaucoup d'auteurs en publiant ses propres découvertes lui sont aussi redevables de notes, de descriptions, de renseignements scientifiques ou autres insérés dans leurs ouvrages, c'est ainsi que nous avons retrouvé un nombre considérable de lettres de naturalistes, de géologues et de savants qui venaient faire appel a sa charité et à sa bienveillance, en même temps qu'à ses connaissances.

cent trente-six espèces d'oursins » (1), et le congrès de Nantes,
pouvait aussi mentionner les communications de M. l'abbé
Davoust (2), pour les fossiles de la Sarthe. Non seulement il aimait
à prêter, mais souvent même il donnait. Quantité de musées, de
cabinets d'histoire naturelle, ont été enrichis par sa générosité. Le
musée de Laval est un de ceux dont il s'est le plus occupé. « Je vous
« remercie, lui écrivait M. Jacob, membre de la Société de l'indus-
« trie dans la Mayenne, au nom de la société des sciences naturelles,
« et en mon nom personnel, de votre générosité pour notre musée.
« Il y a quelque temps, j'ai publié un petit aperçu sur le muséum
« de Laval, je n'ai pas parlé avec détail de vos dons et de vos tra-
« vaux, parce que je compte y consacrer une page assez longue. Je
« comprends trop bien la nécessité d'étudier la géologie d'un pays
« pour ne point montrer tout l'avantage qu'il y a à recevoir d'un
« des hommes les plus compétents, une collection étudiée et
« classée. Veuillez donc, je vous prie, ne point oublier notre bonne
« ville de Laval, par l'organe de ses administrateurs, elle saura un
« jour vous remercier convenablement de vos généreux efforts à y
« introduire la science. » *L'Indépendant de l'Ouest*, venait appuyer
« ces témoignages : « Déjà, disait-il, MM. Davoust, curé d'Asnières,
« et de Lorière, membre de la Société géologique de France, ont
« contribué à en augmenter la richesse, il est à croire qu'ils ne
« laisseront point leur travail imparfait, les géologues sont habitués
« à les voir à l'œuvre et ils attacheront encore un plus grand prix
« à la collection des fossiles du muséum de Laval, quand ils appren-
« dront que ces deux savants ont bien voulu les collationner... » (3)
« Chargé de la plus importante collection paléontologique de
Paris, celle de l'école nationale des mines lui écrivait M. Emile

(1) *Sur quelques oursins du département de la Sarthe*, par M. G. Cotteau, p. 1.
(2) Association française pour l'avancement des sciences. Congrès de Nantes
1875, p. 57. « Jusqu'à ce jour ce département, (la Sarthe) est le seul qui ait été
étudié en détail. Quelques additions sont dues aux communications de M. l'abbé
Davoust. »
(3) *L'Indépendant de l'Ouest*. Vendredi 20 juillet 1855. Du muséum d'histoire.
naturelle à Laval.

Bayle, ingénieur au corps national des mines, et désirant y présenter les fossiles de tous les points importants de notre pays. Vous me feriez le plus grand plaisir en m'envoyant une collection de fossiles... » Dernièrement encore, au nom de l'Université catholique de Paris, M de Lapparent venait lui proposer d'échanger le remarquable ouvrage de M. Barrande, contre une valeur équivalente de fossiles paléozoïques et jurassiques choisis dans sa riche collection (1). M. Bouchard-Chantereau, président du conseil d'administration des musées de la ville de Boulogne-sur-Mer, s'adressait également à M Davoust pour en obtenir des fossiles. Il n'est pas jusqu'au muséum royal de Dresde qui n'ait eu part à ses générosités, car on trouve l'énumération des fossiles qu'il y a envoyés dans une brochure allemande publiée par M. de Geinitz, directeur du musée (2).

Grâce à la vigoureuse impulsion donnée par les savants, tels que d'Orbigny, Barrande, de Tromelin, de Verneuil, etc., la science paléontologique faisait chaque jour de nouveaux progrès, et la géologie fondée dès lors sur des principes certains, venait-elle aussi apporter son tribut d'hommages à la révélation et donner un nouvel éclat aux récits bibliques, Voltaire n'eût plus osé produire à la face du monde ses impudentes négations sur le déluge ni expliquer la présence des innombrables dépôts coquillers laissés sur les plus hautes montagnes par la foule innombrable des pèlerins qui voyageaient alors chargés de coquilles. Il n'est plus permis ni possible aujourd'hui de se moquer aussi audacieusement de la science et de la religion, car comme deux sœurs amies elles se sont rencontrées dans le vaste champ de l'observation et se sont embrassées dans le sein de la vérité.

Dans sa sphère forcément restreinte, M. Davoust, comme on peut en juger, n'en contribua pas moins pour sa part au développement de la science paléontologique. Les membres de l'institut, les pro-

(1) Lettre de M. de Lapparent, professeur à l'Université catholique de Paris, décembre 1879.

(2) Mittheilungen aus dem Konigl mineralogischen, museum in Dresden..... von prof. Dr. H. B. Geinitz, Hofrath und Director, s. 12. Dresden 1876.

fesseurs, les maîtres de la science que nous avons nommés aimaient
à le visiter, à entretenir avec lui des relations et à profiter de ses
conseils et de ses connaissances. « Les jeunes professeurs, nous
écrivait, M. l'abbé Maillard (1), venaient puiser chez lui et dans
ses collections les connaissances dont ils avaient besoin pour leurs
cours (2). Ils trouvaient toujours auprès de lui avec une hospitalité
gracieuse, les explications simples et lucides qui caractérisent le vrai
savant, ce qui était sensible surtout pour les fossiles de ses magnifiques collections, rangés et étiquetés avec un soin merveilleux.
Toute sa vie M. Davoust a collectionné avec un ordre et une méthode
qui outre la beauté des fossiles rendent ses collections les plus
précieuses qu'on puisse trouver. C'est ce que disait l'an dernier
M. l'abbé Richard, l'illustre hydrogéologue qui a parcouru cent
fois l'Europe et visité tous les musées et collections de quelque
importance; il n'avait jamais vu une collection aussi intéressante
que celle de M. Davoust. » Tous ceux qui la connaissent s'accordent
sur ce point et dès 1853, M. Ed. Guéranger pouvait dire : « M. Davoust, curé à Asnières, possède à son presbytère une collection très
riche de fossiles qu'il a recueillis dans le département de la Sarthe...
Cette collection qui renferme des échantillons précieux comme rareté et comme conservation est rangée avec le plus grand soin (3). »
Cette collection si précieuse, si riche et si justement estimée, fruit de
quarante ans de travaux, M. l'abbé Davoust l'offrit généreusement
à l'Université catholique d'Angers. Mgr Freppel en lui rappelant
cette promesse ajoutait : « Nous vous serions tous bien reconnais-
sants si vous vouliez bien nous procurer le bénéfice de vos longues

(1) M. l'abbé Maillard, curé de Thorigné-en-Charnie, au diocèse de Laval,
bien connu dans le monde savant par ses études et ses travaux sur les âges
préhistoriques.
(2) De ce nombre on peut citer M. H. Hermite, professeur de géologie à
l'Université catholique d'Angers, enlevé trop tôt à la science par une mort
prématurée; le P. Vaniot, le P. Bazin, de la compagnie de Jésus, etc.
(1) Essai d'un répertoire de Paléontologie du département de la Sarthe par
M. Ed. Guéranger, p. 6. — M. l'abbé Davoust avait eu dessein lui-aussi de
composer et de publier un *Répertoire paléontologique et conchiliologique de
la Sarthe et de la Mayenne*. Ce travail est resté incomplet et manuscrit.

et savantes recherches. Mais je désirerais quelque chose de plus, c'est une visite de votre part à Angers, afin de nous donner sur place et *de visu* quelques sages conseils sur la manière d'organiser nos collections. Veuillez donc me faire l'honneur de venir me voir(1)... » Dans une autre lettre, Mgr Freppel lui disait : « Nous aurions grand besoin de vos conseils pour notre collection de géologie à laquelle M. Hermite travaille sans relâche. (2) » La riche collection géologique de M. le curé de Brulon ne pouvait avoir de destination plus digne d'elle que l'Université catholique d'Angers.

A la vue des travaux immenses entrepris et réalisés par M. l'abbé Davoust, en parcourant ses collections de fossiles, de coquilles vivantes, de monnaies, etc., collections dont chaque échantillon classé et étiqueté possède sa légende, on se demande comment il a pu trouver le temps nécessaire pour mener à bonne fin tant d'occupations diverses. Sans doute il était actif, mais que d'hommes dépensent leur activité à tort et à travers sans obtenir aucun résultat. Avant tout M. l'abbé Davoust fut homme de règle et c'est ce qui explique comment, dans une paroisse importante et religieuse, plaçant toujours avant tout, les devoirs du saint ministère il a pu cependant donner une si large part à l'étude des sciences.

Comme *prêtre* et comme *savant*, M. l'abbé Fréd. Davoust a donc rempli dignement sa carrière. Toute sa vie fut partagée entre le service de Dieu et l'étude assidue des sciences. « Aux vertus sacerdotales, écrivait M. de Joannis, officier de marine, il joignait une instruction étendue en histoire naturelle, c'est pourquoi sa science le rendra illustre parmi les peuples (3). » Pendant quarante-sept ans il combattit le bon combat dans la milice sacerdotale, pendant vingt ans il donna à Brulon l'exemple d'une grande et austère piété, d'un grand et noble dévouement au salut des âmes, d'une grande et sincère affection pour le troupeau que la Divine Providence lui avait confié et quand la voix de Dieu se fit entendre pour rappeler

(1) Lettre de Mgr Freppel, évêque d'Angers, 31 décembre 1876.
(2)   Id.   id.   id.   15 septembre 1877.
(3) Sap. C. viii, ỹ. 10. *Habebo propter hanc (scientiam) claritatem apud turbas.*

à lui son serviteur fidèle, il était prêt. Depuis longtemps déjà s
santé s'affaiblissait, ses forces trahissant son courage ne l
permettaient plus de mener cette vie active laborieuse et régl
d'autrefois, la souffrance même semblait parfois influer pén
blement sur son caractère. Enfin la maladie qui devait être
moyen dont Dieu se voulait servir pour le retirer de ce mon
l'arrêta tout à fait. Il comprit aussitôt que l'heure suprême all
sonner pour lui : Il voulut qu'on le recommandât aux priè
de ses chers paroissiens et désirant jusqu'à la fin leur donn
l'exemple dans l'accomplissement du devoir, il demanda lui-mê
les derniers sacrements et répondit à toutes les prières de la sai
Eglise. S'armant du signe du salut il supporta avec une foi et u
patience admirables les dernières souffrances de cette vie, port
sans cesse à ses lèvres le crucifix qu'il tenait entre les mains. En
le 2 décembre 1880 son âme quittait cette terre pour paraître dev
Dieu qui sans doute lui aura rendu la couronne de justice qui
était réservée (1). Puissent tous ceux qui l'ont connu mourir de
mort des justes, puissent leurs fins dernières ressembler aux siennes (

Heureux ceux qui meurent dans le Seigneur, dès maintenant
se reposent de leurs travaux et leurs œuvres les suivent (3).

Ernest L. DUBOIS

Vic. à Brulon.

(1) *In reliquo reposita est corona justitiæ quam reddet mihi Dominus in
die justus judex.* II ep. ad Tim. C. ɪv, ℣ 8.

(2) Num. C. xxɪɪɪ. ℣ 10. *Moriatur anima mea morte justorum et fiant n
sima mea eorum similia.*

(3) *Beati mortui qui in Domino moriuntur. Amodo jam dicit spiritus u
quiescant a laboribus suis opera enim illorum sequuntur illos.* Apoc. 6
℣ 13.